Nachhaltig im Alltag

Einfach gut erklärt!

Geschrieben von Eva Bade,
mit Bildern von Miro Poferl

CARLSEN

Nachhaltig – mach mit!

Wahrscheinlich hast du die Wörter schon oft gehört: Etwas ist nachhaltig oder jemand handelt nachhaltig – doch was bedeutet das eigentlich? Wer nachhaltig handelt, trägt dazu bei, dass es den Lebewesen in der Zukunft genauso gut oder sogar besser geht als jetzt. Ein Verhalten ist also dann nachhaltig, wenn es keine Nachteile für später mit sich bringt: Es wird nicht mehr verbraucht, als nachwachsen oder sich wieder erholen kann.

Hans Carl von Carlowitz erkannte bereits 1713, wie wichtig es ist, die Natur nicht auszubeuten. Er erfand den Begriff Nachhaltigkeit.

Wir haben nur eine Erde; durch nachhaltiges Handeln können wir sie schützen.

Maila, 10, fragt:

Warum wird der Regenwald abgeholzt? Das ist doch schlecht für Tiere und Klima.

Mit dem Tropenholz kann man Geld verdienen, ebenfalls mit den entstehenden Acker- oder Weideflächen für Rinder. Natürlich möchte jeder Mensch für seine Familie sorgen, aber das funktioniert auch anders. Kakao und weitere Nutzpflanzen lassen sich beispielsweise auch anbauen, ohne viel Regenwald abzuholzen.

Teilen und tauschen

Etwas Schönes zu besitzen kann uns stolz und glücklich machen. Das Angebot in den Schaufenstern und im Internet ist groß. Und Werbung kann den Wunsch nach etwas Neuem verstärken. Nachhaltig einzukaufen bedeutet unter anderem, nichts Überflüssiges zu kaufen, denn alles, was wir kaufen, musste ja erst mal hergestellt werden. Das verbraucht Energie und Rohstoffe wie Holz oder Metall. Die nachhaltige Lösung: **Dinge gut behandeln, sie lange nutzen, sie teilen, tauschen, verleihen und weitergeben.**

Schon gewusst?

Vor 120 Jahren besaß jeder Europäer im Durchschnitt 180 Dinge. **Wie viele Sachen sind es jetzt?**

a) 700 Dinge
b) 10 000 Dinge
c) 3500 Dinge

(Lösung: b)

Teilen kannst du alles, was du nicht täglich brauchst, etwa Spiele, Kleidung und Bücher. All das könntest du für einen Monat verleihen. Oder ihr tauscht für immer. Besonders mit Büchern ergibt Tauschen viel Sinn.

Wie wäre es mit einem Büchertauschregal in deiner Schule? Da könnten alle ihre durchgelesenen Bücher hineinstellen und sich ein anderes dafür mitnehmen.

Gebraucht wagen

Wir handeln nachhaltig, wenn wir die Lebensdauer von Dingen verlängern. Dazu müssen wir sie gut behandeln – nachhaltig eben! Checke also, bevor du etwas wegschmeißt: Lässt es sich **reparieren**? Kann man es zu etwas anderem machen? Kann es jemand anders gebrauchen?

Kaufen oder verkaufen – auf dem **Flohmarkt** geht es nachhaltig zu.

Auch in **Secondhandläden** kannst du Gebrauchtes einkaufen oder verkaufen. Gut Erhaltenes eignet sich zudem super für Tauschpartys: Zu so einer Party bringen alle etwas mit, was sie nicht mehr brauchen, und die Dinge werden getauscht.
Super Idee: eine „Mitnehmecke" in Kindergärten, Schulen und Vereinen. Wer etwas Gutes nicht mehr braucht, legt es dort ab, spendet es also, alle dürfen zugreifen.
Wäre das etwas für deine Schule?

Trenn mich!

Jedes Lebensmittel und jeder Gegenstand ist ein kostbares Produkt. Wasser und viele andere Rohstoffe wurden benötigt, um es herzustellen.

Ein Buch besteht aus Papier, das aus Holz gewonnen wurde. Zum Wachsen braucht ein Baum Wasser.

Auch beim Wegwerfen kannst du viel richtig machen, denn einige Materialien lassen sich gut **recyceln** (das bedeutet wiederverwerten).

Als **Pfandflasche** löst du uns im Laden ein.

Als **Einwegglas** gehören wir in den Glascontainer. Wir werden eingeschmolzen und danach wieder zu neuem Glas.

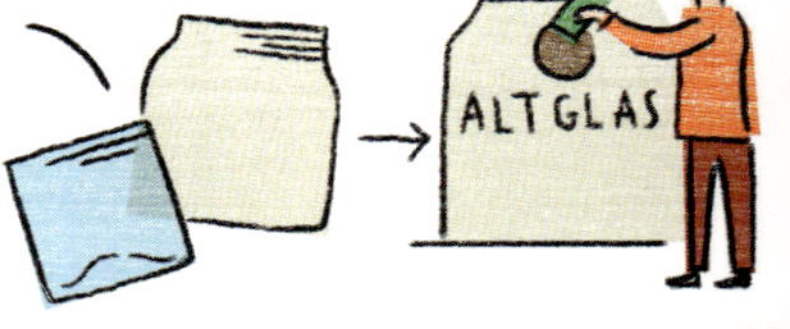

Wir gehören in den Altpapiercontainer, denn aus uns kann sehr oft neues Papier hergestellt werden, etwa für Schulhefte oder Toilettenpapier.

Wir kommen in den gelben Sack, aber nur die Hälfte von uns kann recycelt werden. Hilf mit, indem du verschiedene Stoffe trennst, also etwa den Aludeckel vom Plastikbecher ziehst.

Wir gehören in die Biotonne oder auf den eigenen Kompost. Wenn wir verrotten, werden wir zu fruchtbarer Erde.

Wir gehören zum Elektroschrott auf den Recyclinghof, denn in uns steckt noch viel Wertvolles, etwa Metall, das man aus uns rausholen sollte.

Aus Müll mach neu

Upcycling bedeutet, Neues aus Dingen zu machen, die du nicht mehr gebrauchen kannst. Egal, ob aus Stoffresten, Konservendosen, altem Geschirr, Mandarinenkisten, kaputten Jeans, Chipsrollen oder ungeliebten Büchern:
Tolle Upcycling-Ideen findest du in Büchern, Zeitschriften und im Internet.

Milchtüten-Upcycling

So werden aus leeren **Tetrapaks** kleine Blumentöpfe. **Du brauchst:** eine Schere, ein leeres Tetrapak, Farbe (z. B. Tusche), Erde, Blumensamen.

Und so geht's:

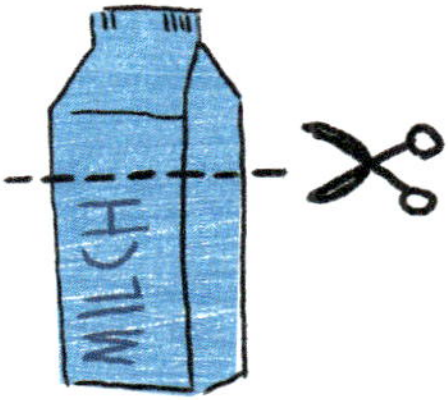

1. Schneide das obere Drittel des Tetrapaks weg.

2. Drücke und knautsche die Verpackung kräftig mit beiden Händen.

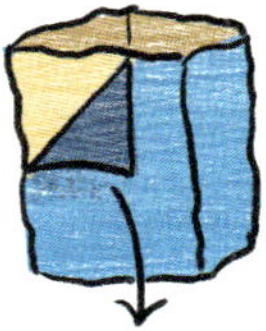

3. Ziehe die bedruckte Schicht ab. Manchmal ist der Anfang schwer – knautsche dann noch einmal.

4. Kremple den oberen Rand um und gestalte dein Töpfchen mit Tusche, Filzstiften, Wachsmalern oder Buntstiften.

5. Erde hinein, Blumensamen hinterher – fertig! Gießen nicht vergessen!

Möglichst wenig Müll

Der beste Müll ist der, der gar nicht entsteht, denn Müll schadet der Umwelt. Über Flüsse oder durch den Wind gelangt auch jede Menge Müll ins Meer.

Viele Naturschützerinnen und Naturschützer sammeln Plastik vom Strand – doch nur ein kleiner Teil des Mülls wird an Land gespült. Das meiste bleibt im Meer und schadet den Lebewesen dort, etwa wenn sie Müll mit Nahrung verwechseln und sich vergiften.

Sophia, 10, fragt:

Wann hören die Geschäfte auf, alles in Plastik einzupacken?

Kunststofffolien haben für die Hersteller viele Vorteile: Durch die luftdichte, leichte Verpackung bleiben zum Beispiel Lebensmittel frischer. Im Durchschnitt fallen für jeden Menschen in Deutschland innerhalb eines Jahres 228 Kilo Verpackungsmüll an – das ist etwa siebenmal so viel wie das Gewicht eines achtjährigen Kindes. Können wir etwas dagegen tun? Klar – entscheide dich beim Einkaufen möglichst oft für unverpackte Waren und nimm für das Obst und Gemüse einen Baumwollbeutel. Den kannst du beim nächsten Einkauf wieder mitbringen und benutzen.

Gut wäre auch, wenn es mehr Gesetze gegen unnötige Verwendung von Plastik gäbe.

Ich kauf mir was!

Worauf sollten wir beim Einkauf achten, um die Umwelt zu schonen? Die Waren sollten möglichst umweltfreundlich hergestellt und unverpackt sein. Wenn sie dann noch in der Nähe, also regional, produziert wurden, sind die Transportwege kurz. Außerdem: saisonal einkaufen – also das umweltfreundlich angebaute Obst und Gemüse, das gerade bei uns geerntet wird.

Was hat Einkaufen mit dem Klima zu tun?

Auf der Erde wird es immer wärmer, denn je mehr Kohlendioxid (CO_2) und andere Klimagase in die Luft geblasen werden, desto mehr Sonnenwärme wird in der Atmosphäre zurückgehalten, die unsere Erde wie eine Hülle umgibt.

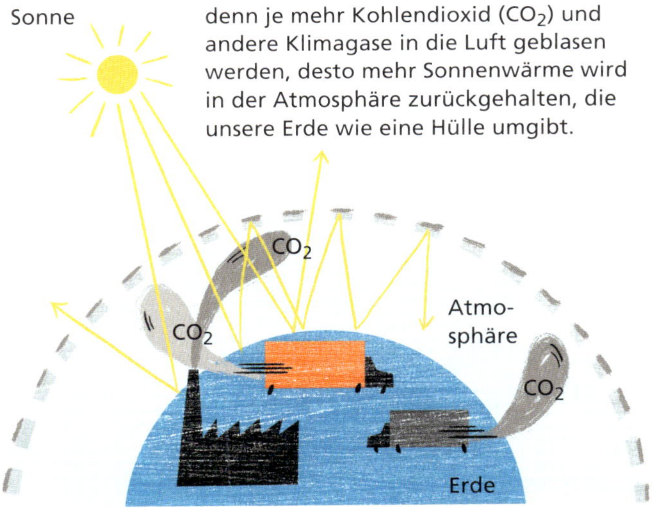

Um Autos und die Maschinen in Fabriken anzutreiben, brauchen wir Energie. Diese gewinnen wir zurzeit vor allem, indem wir Kohle, Erdöl oder Erdgas verbrennen. Dabei entsteht das Gas Kohlendioxid (CO_2) – und das schadet dem Klima. Je weniger Dinge wir also herstellen, transportieren und kaufen, umso mehr helfen wir dem Klima und der Umwelt.

Plastikproblem

Plastik ist leicht, wasserfest, billig und trotzdem stabil. Aber es verrottet nicht, sondern zerfällt nur in immer kleinere Teile, bis es als **Mikroplastik** fast unsichtbar ist. Inzwischen wurde selbst an Nord- und Südpol und in der Tiefsee Plastik entdeckt.

Wenn die Meerestiere Plastik mit Nahrung verwechseln, werden sie krank. Außerdem verfangen sie sich zum Beispiel in alten Fischernetzen und sterben.

Plastik? Kommt nicht in die Tüte

- Müll nie in die Gegend werfen
- Draußen Plastikmüll aufheben und in einen Mülleimer werfen
- Pausenbrot ohne Folie in eine Brotdose packen
- Haltbare Wasserflasche zum täglichen Auffüllen benutzen
- Zu Hause mithelfen, Plastikverpackungen und -tüten zu vermeiden. Einkäufe planen und immer einen Baumwollbeutel mitnehmen!

Seifenstück statt Plastikflasche

In Badezimmern werden viele Plastik-Produkte benutzt. Das muss nicht sein. Probiere zum Beispiel festes Shampoo aus statt Shampoo aus der Plastikflasche. Produkte mit Mikroplastik lässt du am besten stehen. **Mikroplastik** sind winzige Plastikteilchen, die häufig in Shampoos gegeben werden, damit sie gut schäumen. Mikroplastik gelangt mit dem Abwasser in Klärwerke, wo Schmutz aus dem Wasser gefiltert wird. Da es so klein ist, bleibt es nicht in den Filtern hängen, sondern gelangt in Gewässer. Dort schadet es den Tieren.

Malek, 10, fragt:

Woher weiß ich, ob in meinem Duschgel Mikroplastik ist?
Es gibt sehr viele Kunststoffarten und darum auch sehr viele Abkürzungen für Mikroplastik. Du findest Listen im Internet. Auf der Verpackung steht, welche Stoffe in deinem Duschgel enthalten sind. Vergleiche!

Deo selbst gemacht

Viele Pflegeprodukte kannst du selbst herstellen. Zum Beispiel diese Deocreme:

Vermische je **2 Teelöffel Natron** (das bekommst du im Supermarkt bei den Backzutaten) und **Speisestärke**.

Gib nach und nach **3 Teelöffel Kokosöl** hinzu und verrühre alles zu einer Creme.

Wenn deine Deocreme duften soll, gib **4 Tropfen von einem ätherischen Öl** wie Limetten- oder Lavendelöl hinzu. Fülle die Creme in ein Schraubglas.

Pflanz! Mich! Ein!

Gute Ideen und fleißige Hände – dann klappt der Gemüse- und Blumenanbau mitten in der Stadt.

Pflanzen wandeln klimaschädliches **Kohlendioxid** in **Sauerstoff** um, den wir zum Atmen brauchen. Leider weicht immer mehr Natur der wachsenden Bevölkerung – jedes Jahr gibt es etwa 82 Millionen Menschen mehr auf der Erde, so viele, wie in ganz Deutschland leben. Zum Glück gibt es coole Ideen: Architekten entwerfen begrünte Häuser und in den Städten „wachsen" **Urban Gardening-Projekte:** Nachbarn bepflanzen hier freie Flächen.

Dein Zimmergarten

Begrüne Zimmer, Balkon, Terrasse, Garten, Klassenzimmer und Schulhof! Auf der Fensterbank lassen sich die Pflanzen vorziehen. Werden sie größer, suchst du draußen einen Platz.

Wirf die Kerne von Zitronen, Wassermelone, Paprika, Kürbis nicht weg, sondern lass sie einige Tage trocknen. Dann füllst du einen Blumentopf mit einigen Kieselsteinen, danach kommt Erde rein und die jeweilige Saat. Bedecke sie mit einer Handvoll Erde und stelle den Topf an einen warmen und hellen Ort. Bei Bedarf gießen.

Wasser ist wertvoll!

Sauberes **Trinkwasser** ist für uns selbstverständlich. Doch bevor es aus dem Hahn läuft, wurde es aufwändig gereinigt.

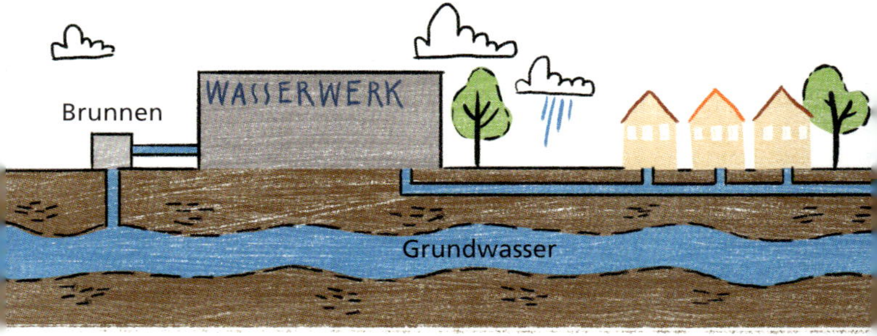

Weltweit haben über 650 Millionen Menschen keinen Zugang zu sauberem Trinkwasser.
Sie müssen zum Beispiel Wasser aus schmutzigen Flüssen trinken.

Von schmutzigem Wasser werden viele Menschen krank.

Wasserwissen für Weltretter

- Auch um Wasser zu erwärmen, wird Kohlendioxid ausgestoßen. Deshalb vor allem warmes Wasser sparsam verwenden: also kurz (!) duschen statt baden – bei einer Fünf-Minuten-Dusche verbrauchst du 50 Liter, beim Baden 150 Liter.
- Beim Einseifen oder Zähneputzen: Wasserhahn abdrehen
- Regen in einer Regentonne auffangen, zum Blumengießen benutzen
- Geschirr in der vollen Spülmaschine reinigen ist sparsamer, als mit der Hand abzuwaschen.
- Unser Leitungswasser ist Trinkwasser! Der Kauf von Wasser in Plastikflaschen ist nicht nötig.
- Spartasten bei der Toilettenspülung benutzen

Stecker raus!

Die Energiegewinnung aus Wind, Wasser und Sonne nimmt zu, doch noch wird unser Strom wenig nachhaltig erzeugt: Häufig werden dafür in Fabriken fossile Brennstoffe wie Kohle oder Öl verbrannt. Dabei entstehen klimaschädliche Gase.

Damit Energiegewinnung umweltfreundlicher wird, wurde entschieden, Kohlekraftwerke in den nächsten Jahren abzuschalten.

Aus der Energie von Wind und Sonne kann Strom gewonnen werden, ohne Kohlendioxid in die Luft zu blasen. Einige Haushalte heizen zum Beispiel ihr Wasser mit Strom vom eigenen Hausdach auf.

Strom einsparen

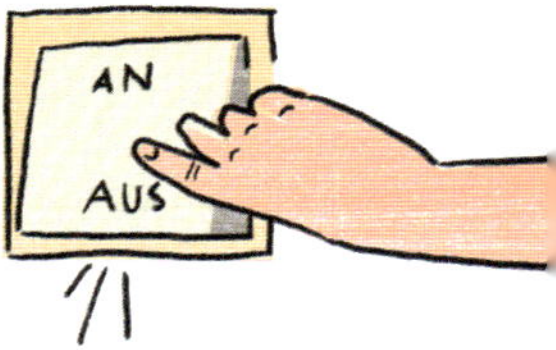

→ Schalte immer das Licht aus, wenn du es nicht brauchst.

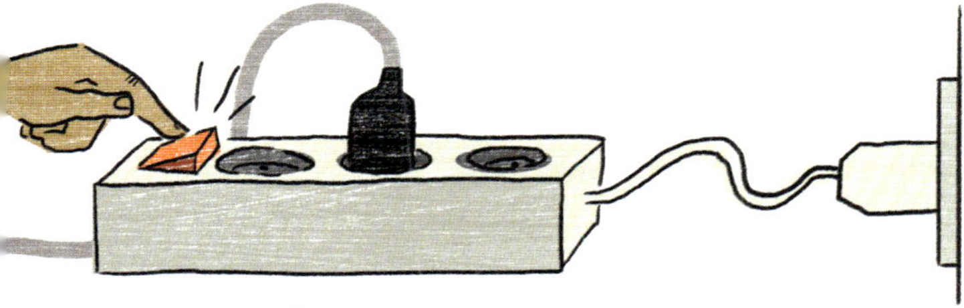

→ Fernseher und andere Geräte nicht im Stand-by-Betrieb lassen, sondern ganz ausschalten.

→ Wenn zum Beispiel dein Handy aufgeladen ist, Stecker aus der Dose ziehen und nicht nur das Handy abnehmen, denn das Ladegerät verbraucht weiter Strom.

Partyplan

Plane dein nächstes Fest nachhaltig: ohne Glitterkonfetti, Pappbecher und Chips! Stattdessen gibt es Blütenblätterkonfetti, Papiergirlanden, Makkaroni-Strohhalme und selbst gemachte Gemüsechips. Wähle Gerichte mit Früchten und Gemüse, die gerade in deiner Region reif sind. Versuche Verpackungsmüll zu vermeiden.

Vielleicht bittest du sogar deine Gäste mitzumachen: Dann kommen sie zu Fuß oder mit dem Fahrrad zur Party und bringen nachhaltige Geschenke in umweltfreundlichen Verpackungen mit.

Nachhaltig schenken

Wie du diese Geschenke basteln kannst, steht in Büchern zum Thema oder im Internet.

Blumensamen in selbst gestalteten Tütchen

Gemüsenetz und Brötchentüte

einzigartige Stofftasche

Geschenkpapier aus verzierten Zeitungen

Munter mobil

Beim Autofahren wird Kohlendioxid in die Luft geblasen. Bildet also Fahrgemeinschaften, wenn ihr im Auto unterwegs sein müsst. Versucht, möglichst viele Strecken zu Fuß, mit dem Fahrrad oder mit Bus und Bahn zurückzulegen.

Viele Kinder werden mit dem Auto zur Schule gebracht. Dabei tun frische Luft, Bewegung und das Quatschen auf dem Schulweg so gut.

Nachhaltig reisen

Die schlechte Nachricht zuerst: Flugzeugreisen und Kreuzfahrten sind schlecht für die Umwelt, denn die Fahrzeuge stoßen große Mengen klimaschädliche Gase aus. Die gute Nachricht: Wanderungen, Fahrradtouren, Segeltörns, Ausritte, Kutschfahrten, Paddel-, Ruder- und Tretboottouren halten dich fit und bringen eine Menge Spaß.

Artenvielfalts-Einfalt

Klimaveränderung, Zerstörung von Lebensräumen, zum Beispiel durch das Abholzen von Wäldern, und Müll in Gewässern – das sind einige Gründe, warum heute so viele Tier- und Pflanzenarten aussterben wie nie zuvor.

Schlimm, dass Eisbär, Tiger und Elefant bedroht sind, aber auch immer mehr Insekten verschwinden, und dann finden zum Beispiel viele Vögel nicht mehr genug zu fressen.

Mehr Arten im Garten

Du kannst leider nicht alle Tiere dieser Welt retten, aber ein paar schon.

- → Keine Gifte benutzen
- → Heimische Pflanzen wie Kornblumen säen, die Insekten als Nahrung dienen
- → Regen in einer Regentonne auffangen, zum Blumengießen benutzen
- → Garten nicht zu sehr „aufräumen“
- → Vogelnistkästen aufhängen
- → Vogeltränke und Insektentränke aufstellen
- → Unterschlupf für Insekten schaffen

Brennnessel und Löwenzahn auch mal stehen lassen, denn das sind Leckerbissen für viele Insekten. Totes Holz und Gehäckseltes dienen Tieren als Unterschlupf.

Pixi-Wissen-Lexikon

Great Pacific Garbage Patch

Einer von fünf riesigen „Müllteppichen" im Meer. Durch Winde und Strömungen treiben im Nordpazifik 1000 Milliarden Müllteile, besonders Plastikmüll, wie in einem Karussell. Eine Milliarde ist eine unvorstellbar große Zahl mit neun Nullen (1 000 000 000).

Mikroplastik

Plastikstücke, die mit bloßem Auge kaum oder gar nicht zu erkennen sind. Sie werden entweder schon so klein hergestellt, um sie etwa in Reinigungsmitteln einzusetzen, oder sie entstehen, wenn größere Plastikteile zerfallen.

Nachhaltige Entwicklungsziele (SDGs) der UNO

2015 haben Vertreterinnen und Vertreter von 193 Ländern (fast allen Ländern der Welt) die Agenda 2030 beschlossen. Darin werden 17 Ziele benannt, die Umweltschutz, Gerechtigkeit und Frieden betreffen und zu nachhaltigem Handeln aufrufen, damit die Welt lebenswert für alle wird.